MÉMOIRE

SUR LES DROITS

DE LA MAISON D'ANJOU

A LA

COURONNE DE FRANCE

PAR

Th. DERYSSEL

AVOCAT, ANCIEN BATONNIER

FRIBOURG

IMPRIMERIE DE SAINT-PAUL

259, rue de Morat, 259

1885

DÉDIÉ

A

S. A. R.

MGR ALPHONSE-CHARLES

DE BOURBON

MÉMOIRE

SUR LES DROITS

DE LA MAISON D'ANJOU

A LA

COURONNE DE FRANCE

PAR

Th. DERYSSEL

AVOCAT, ANCIEN BATONNIER

FRIBOURG

IMPRIMERIE DE SAINT-PAUL

259, rue de Morat, 259

1885

MÉMOIRE

SUR

LES DROITS DE LA MAISON D'ANJOU

A LA COURONNE DE FRANCE

Aux funérailles des rois de France, à l'instant où le corps était déposé dans la tombe, le grand maître des cérémonies disait à haute voix : « Le Roi est mort. » Un héraut d'armes répétait par trois fois ces paroles et ajoutait « Priez Dieu pour son âme. »

Puis au bout d'un instant le grand maître retirait son bâton de la fosse et s'écriait : « Vive le Roi N..... par la grâce de Dieu, roi de France, notre souverain seigneur et maître, à qui Dieu donne bonne vie et longue. »

Ce cérémonial était l'énergique expression du principe d'hérédité qui pendant tant de siècles a fait la grandeur de la France.

Nous avons assisté aux funèbres cérémonies de Goritz. Au moment où se fermait le caveau de Castagnavizza, il nous semblait entendre le grand maître des cérémonies s'écriant : « Le Roi est mort. » Mais au lieu des acclamations qui, saluant ensuite le nouveau Roi, annonçaient jadis que la royauté ne meurt pas, il se faisait un long et lugubre silence et chacun se retirait l'âme brisée par la douleur, comme si la monarchie elle-même et peut-être la France de Clovis et de saint Louis venait de descendre au tombeau.

Quel était, en effet, l'héritier du prince auquel nous venions de dire un suprême adieu ?

Dès avant les cérémonies funèbres, des prétentions étranges s'étaient manifestées ; elles avaient jeté parmi les royalistes une division profonde, et ceux qui jusque là avaient combattu sous le même drapeau voyaient le désaccord éclater parmi eux sur l'application du principe même de la monarchie française.

Aussi longtemps que vécut le Comte de Chambord, la question d'hérédité apparut comme une de ces éventualités lointaines auxquelles il eût été prématuré de s'arrêter.

Travaillons, disaient les royalistes, à ramener le Roi ; la question héréditaire se résoudra plus tard.

La mort du dernier représentant de la branche aînée a posé la question.

Quel est après Henri V l'héritier légitime de la couronne de France ?

Les orléanistes et les catholiques libéraux qui, depuis treize ans, avec une impatience mal dissimulée, attendaient la mort du Roi, se sont empressés, avant même que les derniers honneurs eussent été rendus au royal défunt, de s'écrier : « Le comte de Paris est l'héritier ; ses droits sont incontestables. » On avait, il faut le reconnaître, à l'aide d'affirmations souvent répétées, créé en faveur de la branche d'Orléans une sorte de présomption d'état ; aussi beaucoup de royalistes acceptèrent-ils cette solution comme un malheur auquel on se résigne, n'entrevoyant pas la possibilité d'y échapper.

D'autres surpris à l'improviste par le coup terrible qui venait d'anéantir leurs espérances, se sont comme des naufragés accrochés à la première épave qui se présentait sous leur main ; et sans examiner le droit, sans calculer les conséquences, sans se demander si quelque avantage pouvait en résulter pour l'Eglise et la Patrie, ils ont contracté avec les d'Orléans ce qui leur semblait un mariage de raison et n'était qu'un mariage mal assorti ; aussi dès le premier jour la guerre est-elle au ménage.

Pas plus que bien d'autres, je n'avais avant la mort du comte de Chambord, étudié la question d'hérédité.

Depuis un an, je l'ai fait sans idées préconçues, cherchant simplement par l'étude des documents et l'examen des principes à me faire une opinion qui pût régler ma conduite. Cette étude a dissipé pour moi tous les doutes, c'est ce qui m'engage à en consigner les résultats dans les pages qui vont suivre.

Ma seule préoccupation sera de parler à la raison du lecteur. J'écarterai donc avec le plus grand soin les arguments de sentiment. Je n'ai pas, d'ailleurs, la prétention de tracer aux autres leur devoir ; ce rôle beaucoup trop prétentieux pour qui n'a pas reçu mission de le faire ne m'appartient à aucun titre ; je veux seulement chercher à élucider une question de droit et d'histoire. Ceux que j'aurais pu convaincre verront ensuite ce que leur dicte leur conscience.

I

DU POUVOIR LÉGITIME

Dans tous les temps et chez toutes les nations, sauf le peuple juif, le choix du souverain a été l'œuvre des hommes. Ce n'est pas à dire cependant que le pouvoir vienne des hommes comme de sa source. Le pouvoir vient de Dieu ; les hommes ne font, suivant la constitution des différents pays, que désigner celui qui doit l'exercer.

Le souverain possède donc le pouvoir en vertu d'un droit qui lui est propre, nul ne peut le lui ravir ; et quand même en fait un usurpateur prévaudrait contre lui, ce dernier n'en restera pas moins le souverain légitime. Il aura le droit pour lui jusqu'au jour où une possession suffisamment prolongée aura fait acquérir, par prescription, au nouveau pouvoir la légitimité qui lui manquait à l'origine.

Or, le *droit* dans un homme implique chez tous les autres un *devoir* consistant à respecter ce droit.

Aussi longtemps donc que cette prescription n'existe pas, tous les sujets ont le devoir de reconnaître le souverain légitime et l'obligation stricte de ne rien faire qui puisse porter la moindre atteinte à son droit ; ils doivent même, autant qu'il est en leur pouvoir, l'aider à recouvrer l'autorité qui lui fut injustement ravie.

Telle est la doctrine catholique, c'est aussi la doctrine légitimiste.

II

LA LOI SALIQUE

En France, la transmission du pouvoir souverain est réglée par un usage connu sous le nom de : *loi salique.*

On pourrait disserter longtemps sur l'origine de ce nom et sur le texte de cette loi, cette discussion purement archéologique serait ici sans intérêt. Tout le monde reconnaît, en effet, que depuis Hugues Capet jusqu'à nos jours, l'héritier a toujours été le premier agnat, c'est-à-dire l'aîné des parents du Roi défunt, par les mâles, dans la branche la plus proche.

Cette règle est tenue comme la base fondamentale de la monarchie française, jamais on ne l'a contestée, jamais on n'a mis en doute que l'hérédité légitime au trône de France ne fût régie par cette loi ; et aujourd'hui même, les prétentions diverses que nous voyons en présence déclarent toutes s'appuyer sur ce principe.

On a bien, au temps de la Ligue, essayé de changer la loi d'hérédité ; mais cette tentative même, immédiatement étouffée sous la réprobation unanime de la nation, fut la reconnaissance la plus formelle de la règle que l'on essayait de modifier.

Quel est aujourd'hui le premier agnat d'Henri V ?

Il suffit, pour répondre, de consulter la généalogie des Bourbons.

GÉNÉALOGIE DES BOURBONS

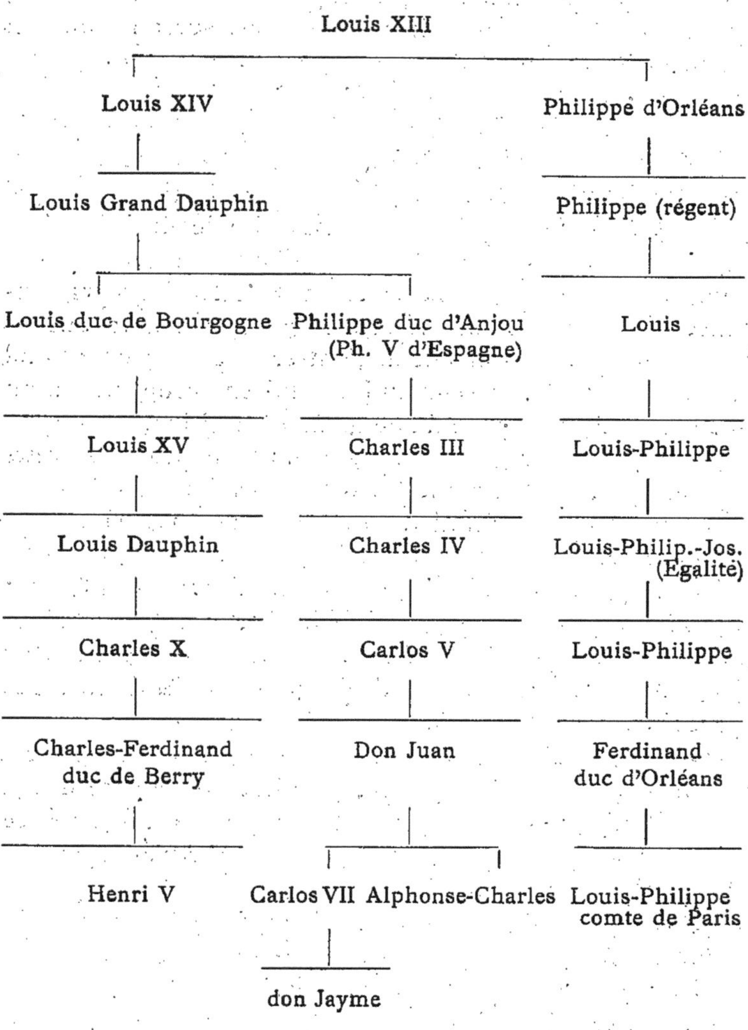

L'auteur commun, entre la branche aînée et la maison d'Anjou, est le Grand Dauphin, fils de Louis XIV.

L'auteur commun, entre la branche aînée et la branche d'Orléans, est Louis XIII, grand'père du Dauphin.

Les membres de la maison d'Anjou sont donc plus proches parents d'Henri V que ceux de la maison d'Orléans ; par conséquent, les premiers doivent arriver au trône en vertu de la loi salique, et aujourd'hui, le premier agnat d'Henri V est Don Juan de Bourbon.

Il est donc l'héritier légitime de par la loi salique ; après lui vient Don Carlos, puis Don Jayme, fils de ce dernier, puis Alphonse de Bourbon, frère de Don Carlos.

En eux réside jusqu'à preuve contraire le droit légitime à la couronne de France. Ils n'ont d'autres preuves à faire que celles de leur parenté et de leur descendance masculine, CETTE PREUVE CONSTITUE UN TITRE SUFFISANT auquel respect est dû, à moins de démontrer que leur droit s'est éteint. Il incombe à ceux qui produisent cette allégation d'en apporter la preuve d'une manière positive.

Nous appelons tout spécialement l'attention sur cette observation, elle est d'une importance capitale.

Beaucoup de légitimistes ont mis trop facilement en oubli ce principe, lorsque, se laissant séduire par de vagues déclamations, ils allaient aux d'Orléans, non qu'ils fussent fermement convaincus de leurs droits, mais simplement parce que, troublés qu'ils étaient par les divers arguments jetés dans le public, ce droit leur paraissait le plus probable.

La question ne saurait se résoudre par des probabilités. La maison d'Anjou a un titre positif et certain résultant de sa filiation ; il faut, pour contester son droit, détruire ce titre par des preuves tout aussi positives et certaines et non par de simples présomptions.

La maison d'Anjou prime donc jusqu'à preuve du contraire la maison d'Orléans.

Cette preuve contraire est-elle faite ?

On prétend que la maison d'Anjou a perdu ses droits au

trône de France : 1° par la renonciation de Philippe V, en 1713 ; 2° parce que ses membres ont perdu la qualité de Français.

III

RENONCIATION DE PHILIPPE V

La crainte de la monarchie universelle constitua de tout temps l'une des grandes préoccupations de la diplomatie européenne. Elle fut notamment la cause principale des guerres que la succession d'Espagne fit éclater en Europe.

Aussi, les plénipotentiaires réunis à Utrecht s'efforcèrent-ils avant tout d'empêcher la réunion sur la même tête des deux couronnes de France et d'Espagne.

Le 29 janvier 1712, les conférences pour la paix s'ouvrirent, à l'hôtel-de-ville d'Utrecht. Les plénipotentiaires français déposèrent, sous la dénomination d' « articles préliminaires pour arriver à une paix générale », diverses propositions, entre autres la suivante [1] :

« II. Qu'elle (Sa Majesté le Roi de France) consentira volontiers et de bonne foi qu'on prenne toutes les mesures justes et raisonnables pour empescher que les couronnes de France et d'Espagne ne soient jamais réunies en la personne d'un même prince. »

Cette proposition obtint l'assentiment des puissances et, après divers incidents et négociations sans intérêt pour la solution de notre question, Philippe V, suivant déclaration unilatérale, reçue par le notaire royal, le 5 novembre 1712, « abdiqua pour lui et tous ses descendants le droit de succéder à la couronne de France. »

Le traité, ou plutôt les traités d'Utrecht, car il y eut autant de traités que de belligérants, ne furent conclus que

---

1 *Actes et Mémoires* touchant la paix d'Utrecht. Tome I, p. 162.

plus tard. Celui avec l'Angleterre [1] porte la date des 31 mars-11 avril 1713.

On y lit ce qui suit :

« VI. D'autant que la guerre, que la présente paix doit éteindre, a été alumée principalement, parce que la sûreté et la liberté de l'Europe ne pouvaient pas absolument souffrir que les couronnes de France et d'Espagne fussent réunies sur une même tête, et que sur les instances de Sa Majesté britannique et du consentement, tant de S. M. T. C. que de S. M. Cath., on est enfin parvenu, par un effet de la Providence divine, à prévenir ce mal pour tous les temps à venir, moyennant des renonciations conçues dans la meilleure forme et faites en la manière la plus solennelle, dont la teneur suit ci-après :

(S'ensuivent ici les actes concernant les renonciations réciproques du Roi Philippe d'une part, et de M. le duc de Berry et de M. le duc d'Orléans de l'autre.)

« Etant suffisamment pourvu par la renonciation ci relative, laquelle doit être éternellement une loi inviolable et toujours observée, à ce que le Roi catholique, ni aucun prince de sa postérité ne puisse jamais aspirer à parvenir à la couronne de France ; et d'un autre côté les renonciations réciproques à la couronne d'Espagne faites par la France, ainsi que les autres actes qui établissent la succession héréditaire à la couronne de France, lesquelles tendent à une même fin, ayant ainsi suffisamment pourvu à ce que les couronnes de France et d'Espagne demeurent séparées et désunies, de même que, les susdites renonciations, et les autres transactions qui les regardent, subsistant dans leur vigueur et étant conservées de bonne foi, ces couronnes ne pourraient jamais être réunies, ainsi le sérénissime Roi T. C. et la sérénissime Reine de la G. B. s'engagent solennellement et par parole de Roi, l'un à l'autre, qu'eux ni leurs héritiers et successeurs ne feront jamais rien, ni ne per-

1 Les autres traités contiennent la même stipulation que celui avec l'Angleterre.

mettront que jamais il soit rien fait capable d'empêcher les renonciations et autres transactions susdites, d'avoir leur plein et entier effet ; au contraire, leurs Majestés Royales prendront un soin sincère et feront leurs efforts, afin que rien ne donne atteinte à ce fondement du salut public, ni ne puisse l'ébranler. »

Ceux qui invoquent le traité d'Utrecht visent donc sous ce nom, probablement à leur insu, deux actes absolument différents par les parties en cause, par leur nature et aussi, nous allons le voir, par les principes de droit qui les régissent.

C'est d'abord l'acte par lequel Philippe V abdique ses droits et ceux de ses descendants à la couronne de France.

C'est ensuite le traité conclu entre Louis XIV et la Reine d'Angleterre.

Dès lors il faut diviser la question et se demander :

1° Si l'abdication de Philippe V empêche actuellement l'un de ses descendants de succéder à la couronne de France en vertu de la loi salique.

2° Si d'autre part le traité d'Utrecht y met obstacle.

IV

ABDICATION DE PHILIPPE V

Le 5 novembre 1712, Philippe V « abdiqua pour lui et tous ses descendants le droit de succéder à la couronne de France. »

Quelle est la valeur de cet acte ? En ce qui concerne Philippe V lui-même, il était libre de renoncer à son droit, son abdication faisait avancer d'un rang ceux qui arrivaient après lui et leur donnait le droit d'invoquer contre son auteur un acte fait à leur profit.

L'abdication de Philippe V éteignait donc son droit personnel de succéder à la couronne de France.

Mais pouvait-il abdiquer également au nom de ses descendants et les dépouiller ainsi de leur droit éventuel?

Il est nécessaire de rappeler ici deux principes qui, tirés du droit naturel, ont pris place dans la législation positive de toutes les nations. Ils nous fourniront la solution que nous cherchons.

Premier principe. — On ne peut en général stipuler que pour soi-même. Une stipulation faite pour un tiers ne peut obliger celui-ci que s'il l'a expressément ou tacitement ratifiée.

Ce premier principe n'a pas besoin de démonstration. Nous comprenons tous que, s'il plaît à un tiers de contracter sans mandat un engagement pour nous et en notre nom nous ne saurions être tenus ni en conscience ni en droit positif d'exécuter ce qu'il a promis.

Deuxième principe. — Quiconque s'oblige, oblige jusqu'à preuve contraire ses héritiers ou ayant cause.

C'est l'application du principe: *Nemo dat quod nonhabet*, on ne peut transmettre plus de droit qu'on n'en possède. Celui qui s'oblige diminue son droit; par conséquent, en transmettant à son héritier l'ensemble de ses droits ou à son ayant cause certains droits spéciaux, il ne pourra les leur transmettre que diminués des obligations dont il les a grevés. En s'obligeant il oblige par le fait même ceux qui plus tard seront ses héritiers ou ayant cause.

L'abdication de Philippe V contient une stipulation pour autrui, puisqu'il abdique « pour tous ses descendants »; donc cette stipulation ne saurait par elle-même obliger ceux-ci à moins que chacun d'eux ne l'ait ratifiée ou qu'ils ne soient ses héritiers ou ayant cause.

Il ne peut être question de ratification dans l'espèce, jamais les membres actuellement vivants de la maison d'Anjou, — sauf peut-être Don Carlos de Bourbon dans une lettre écrite quelques jours après la mort d'Henri V, — n'ont ratifié l'abdication faite en leur nom, par leur ancêtre Philippe V.

Il nous reste donc à nous demander s'ils sont, en ce qui

touche leurs droits à la couronne de France, les héritiers ou ayant cause de Philippe V.

On entend par héritier, celui qui succède à titre universel aux droits d'une personne, et par ayant cause, celui qui y succède à titre particulier [1].

Le caractère essentiel de l'héritier comme de l'ayant cause, consiste en ce qu'ils tirent leur droit de leur auteur ; d'où cette conséquence que toute diminution apportée par celui-ci à son droit, affecte également le droit de l'héritier.

En un mot, les deux ne font qu'un, ce qu'on exprimait en droit romain par cette formule : *Haeres personam defuncti sustinet.*

Il ne faut pas confondre l'héritier et le descendant. Descendant exprime uniquement l'idée de filiation ; héritier, au sens propre et juridique du mot, indique le successeur aux droits et obligations du défunt. Le descendant est ordinairement l'héritier de son auteur ; mais, s'il est alors tenu des obligations contractées par ce dernier, c'est à titre d'héritier, non à titre de descendant. S'il renonce à la succession il devient un tiers que son auteur a été incapable d'obliger en vertu du principe : on ne peut stipuler que pour soi-même.

Les substitutions pupillaires nous fournissent un exemple frappant de l'application de ces principes [2].

Le fils succède à son père dans la jouissance du bien substitué, mais il y succède en vertu de son droit propre et non comme l'héritier de son père, par conséquent tout ce

---

1. On succède à titre universel, lorsque l'on succède à la totalité ou à une quote part comme la moitié, le quart de la fortune de son auteur. L'ayant cause est celui qui succède à un bien ou à un droit déterminé. L'acquéreur d'un immeuble est l'ayant cause de son vendeur.

2. On nomme substitution pupillaire, l'acte par lequel une personne donne un bien à une autre personne à charge par celle-ci, après en avoir joui, d'ordinaire sa vie durant, de le transmettre à une tierce personne qui en jouira de même et le transmettra à son tour, et ainsi de suite, indéfiniment ou pendant un certain nombre de générations. Chacun des substitués tire son droit de l'acte originaire.

2

que ce dernier a pu faire ne le regarde pas. Si le père notamment avait renoncé pour lui et ses descendants au bien substitué, cette renonciation, valable pour le père, serait au regard de ses descendants nulle et non avenue, parce que ceux-ci ne tiennent pas de leur père leur droit au bien qu'ils possèdent actuellement.

Toute la question se réduit donc à savoir si les descendants de Philippe V arrivent au trône de France en vertu d'un droit qui leur est propre ou si au contraire ce droit leur a été transmis par leur auteur ; en d'autres termes s'ils sont, quant à la couronne de France, les héritiers ou ayant cause de Philippe V.

Ainsi ramenée à ses termes les plus simples, la question ne saurait faire de doute.

Il est incontestable, en France, que le Roi tient son droit de la loi salique et non de la volonté de son prédécesseur ; par conséquent, ce dernier ne peut le lui enlever ni directement, ni indirectement.

Le Roi régnant n'est donc pas l'héritier ou l'ayant cause du Roi défunt, il reçoit la couronne *jure sanguinitatis,* et par la seule force de la loi.

Un Roi ne peut donc disposer du droit de ses successeurs, car ce droit ne lui appartient pas, et l'on ne peut valablement obliger autrui par ses stipulations.

Chaque siècle de l'histoire de France nous fournit de nombreux et imposants témoignages à l'appui de cette doctrine.

« La couronne de France, disait Robert d'Artois aux Etats de 1328, lors de la contestation entre Philippe VI de Valois et Edouard III d'Angleterre, n'est pas un bien de patrimoine, nos princes n'en peuvent pas disposer; ils n'en ont que la jouissance, et personne ne la peut avoir que celui qui y est appelé par les lois fondamentales [1]. »

« Telle est la force de la loi salique, disait Henri IV dans son édit du 29 janvier 1593, publié et enregistré à

---

[1] Mézerai.

Tours[1], qu'aucune constitution nouvelle ne peut y déroger et que les Rois de France, arbitres des lois, sont essentiellement soumis à celle-ci.

« C'est donc en vain que l'on objecte l'édit de Blois, de 1588, puisque c'est la loi et non le Roi qui règle l'ordre de la succession à la couronne. »

« *Si deficerent*, disait Dumoulin [2], *omnes masculi sanguinis regii deberet per proceres et status regni nova electio fieri ; nec posset Rex ultimus etiam de sanguine suo, puta ex cognatis, successorem sibi eligere nec aliter de regno disponere.* »

« Le Roi peut-il déranger l'ordre de succession au trône qui a été établi par nos ancêtres ? dit Merlin [3]. On comprend sans peine qu'il ne le peut pas. Nous l'avons déjà dit, la loi du royaume appelle à la couronne, selon l'ordre de la ligne, tous les mâles du sang royal ; et celui d'entre eux qui, à la mort du Roi, se trouve l'aîné de ses plus proches parents, lui succède *jure sanguinis et sanguinitatis*. Il est son successeur, mais il n'est pas son héritier, parce que la succession à la couronne se défère par une substitution légale et perpétuelle.

« Il en serait autrement, sans doute, si le Roi était *propriétaire* de sa couronne ; car chacun peut disposer de ce qui lui appartient. »

Terminons ces citations en rapportant l'opinion même de la cour de France, lorsqu'il fut question de demander à Philippe V l'abdication au nom de ses descendants.

Dans un mémoire remis le 22 mars 1712, par Monsieur de Torcy, ministre de Louis XIV, à l'abbé Gautier, agent de l'Angleterre, on lit ce qui suit [4] :

1 *Histoire universelle de de Thou,* traduite de l'édition latine de Londres. Tome XI, p. 687. — Londres, 1734.

2 *Sur Paris,* Tit. 1, § 13, glose 3, aux mots : *pour son droit d'aînesse,* Nᵒˢ 8 et 9.

3 *Guyot,* traité des offices ; *du Roi et de la couronne de France,* Tome I, p. 36, article de Merlin, de Douai.

4 *Correspondance de Bolingbroke.* Tome II, p. 222.

« Il est question de prendre des mesures solides pour empêcher l'union des deux monarchies ; mais on s'écarterait absolument du but qu'on se propose... si l'on contrevenait aux lois fondamentales du royaume. Suivant ces lois, le prince le plus proche de la couronne en est *héritier nécessaire*.... il succède, non comme héritier, mais comme le monarque du royaume... par le seul droit de sa naissance. Il n'est redevable de la couronne ni au testament de son prédécesseur, ni à aucun édit, ni à aucun décret, ni enfin à la libéralité de personne, mais à la loi. Cette loi est regardée comme l'ouvrage de celui qui a établi toutes les monarchies, et nous sommes persuadés, en France, que Dieu seul la peut abolir. »

Le Roi n'avait donc aucun pouvoir de changer l'ordre de succession au trône, cette doctrine était absolument constante ; *à fortiori*, l'héritier éventuel ne pouvait-il porter aucune atteinte aux droits de ses successeurs.

Nous trouvons cette même thèse développée dans un document auquel les circonstances actuelles donnent une importance particulière.

Lorsque le duc de Montpensier épousa l'infante Luisa Fernanda, le cabinet anglais prétendit que les enfants à naître de ce mariage seraient inhabiles à succéder à la couronne d'Espagne. Il se fondait sur la renonciation de Philippe d'Orléans. On sait que l'abdication par la maison d'Anjou de ses droits à la couronne de France eut pour contre-partie une abdication semblable, au regard de l'Espagne, par tous les princes du sang restés en France.

Le gouvernement de Louis-Philippe, pour agir sur l'opinion, crut devoir répandre dans le public une brochure sur le traité d'Utrecht et les renonciations. Il en confia la rédaction à un jurisconsulte distingué, M. Charles Giraud, membre de l'Institut, et mit évidemment à sa disposition tous les documents que renfermaient les archives. Cette brochure, intitulée : *Le traité d'Utrecht* [1], est donc un

---

1 *Le traité d'Utrecht*. Paris, Plon, frères. 1847.

document officieux qui nous donne la pensée de la famille d'Orléans sur la valeur des renonciations. Or, voici ce que nous lisons à la page 120 : « Quant à leur valeur (celle des renonciations) intrinsèque, on ne doit guère s'étonner que les pairs opposants d'Angleterre aient cru avoir de bonnes raisons, en 1712, pour soutenir qu'en droit rigoureux ces renonciations n'étaient obligatoires qu'à l'égard des princes qui les signaient, mais qu'elles cessaient de l'être pour leurs descendants; en effet, les princes signataires n'avaient ni titre, ni droit pour arrêter, envers leurs descendants, la transmission des droits de succession qu'eux-mêmes n'avaient reçus de leurs ancêtres qu'à charge de transmission forcée à leurs descendants, conformément aux destinations prescrites par les lois du pays.

« Il est incontestable qu'il n'appartient à aucun souverain, dans nos monarchies modernes, de transmettre la succession de la couronne à un de ses fils cadets au détriment de son fils aîné; *à fortiori* est-il constant qu'il pourrait encore moins les forclore, tous ensemble et en masse, personnellement et à perpétuité (surtout par un acte isolé de sa simple volonté) de leurs droits éventuels à la succession à la couronne. Il ne la porte lui-même qu'en vertu de l'exercice des mêmes droits dont ses descendants sont investis *ipso jure,* comme il l'était lui-même, par les lois, coutumes et règlements de son royaume, lorsqu'il est monté sur le trône. »

Il serait difficile de trouver un témoignage plus formel; or, si cette thèse est vraie de la renonciation de Philippe d'Orléans, elle l'est au même titre de celle de Philippe V.

La renonciation à la couronne de France, faite par Philippe V, au nom de ses descendants, est donc nulle et de nul effet et ne saurait être victorieusement opposée aux droits que ceux-ci tiennent de la loi salique.

On insiste cependant, et l'on prétend que cette renonciation, nulle peut-être à l'origine, a été convertie en loi du royaume par son enregistrement au Parlement de Paris, sous la date du 15 mars 1713, et dans les autres parlements du royaume, en vertu des lettres patentes données par le Roi.

Sous Louis XIV, dit-on, la puissance législative appartenait au roi, les lois émanées de sa volonté devenaient obligatoires par la formalité de l'enregistrement; donc une loi a changé en France l'ordre de succession au trône.

Cette objection ne peut se soutenir en présence des textes que nous venons de citer et qui révèlent d'une manière éclatante l'état du droit constitutionnel français à l'époque des renonciations.

La loi de succession, disait de Torcy, le 22 mars 1712, « est regardée comme l'ouvrage de celui qui a établi toutes les monarchies et nous sommes persuadés en France que Dieu seul la peut abolir. »

Apparemment le ministre de Louis XIV connaissait les droits de son maître, et s'il eût suffi d'une loi enregistrée pour trancher la question, on se fût bien gardé de recourir aux expédients que l'on mit en œuvre pour empêcher à grand'peine la rupture des négociations.

L'enregistrement au Parlement ne fut en effet qu'un expédient inspiré à Louis XIV, par le désir d'agir aussi loyalement que possible dans une affaire dont il ne dissimulait pas les côtés faibles à ses adversaires.

L'histoire des négociations le prouve à l'évidence.

Dès que le premier mot de renonciation est prononcé, de Torcy, nous venons de le voir, répond très loyalement : ce serait radicalement nul.

Les plénipotentiaires anglais qui avaient mis cette idée en avant ne pouvaient cependant pas reculer. Bolingbroke répond [1] : « Nous voulons bien croire que vous êtes persuadés, en France, que Dieu seul peut abolir la loi sur laquelle le droit de votre succession est fondé ; mais vous nous permettrez d'être persuadés, dans la Grande-Bretagne, qu'un prince peut se départir de son droit par une cession volontaire, et que celui en faveur de qui cette renonciation

---

1 *Correspondance de Bolingbroke.* Tome II, p. 22.

se fait peut être justement soutenu dans ses prétentions par les puissances qui deviennent garantes du traité. »

Sur quoi Giraud dans sa brochure [1] fait cette observation très judicieuse : « M. de Torcy avait placé la question sur le terrain du droit public français ; le ministre anglais la plaça plus à propos sur le terrain du droit public européen. »

La renonciation, nulle au point de vue du droit public français, devenait pour les puissances une obligation contractuelle dont elles se réservaient de demander l'exécution.

On ne se dissimule pas toutefois combien le tout est fragile. Aussi, lorsque la reine d'Angleterre communique à la Chambre des lords le projet de traité, une opposition énergique se manifeste. Les pairs opposants font observer *que la renonciation de Philippe V était nulle, qu'elle n'obligeait pas ses enfants ; que leur droit de naissance était inviolable, selon la constitution fondamentale du royaume de France ; que personne en France ne s'y croirait obligé* [2].

Aussi l'Angleterre demande-t-elle à la France que la renonciation de Philippe V soit acceptée par Louis XIV et ratifiée de la manière la plus solennelle par les Etats du royaume de France [3].

Louis XIV ne voulait à aucun prix convoquer les Etats généraux ; de Torcy repousse donc formellement cette demande. Toutefois, voulant donner toutes les satisfactions possibles, il propose de substituer le Parlement aux Etats généraux.

Il importe de citer textuellement sa réponse, elle est du 22 juin 1712, on y voit à l'évidence qu'il s'agissait là d'un simple expédient.

« Comme Sa Majesté, dit de Torcy, croit ne pouvoir donner à la Reine une preuve plus évidente de sa confiance absolue, Sa Majesté lui déclare que ce serait perdre entièrement tout le fruit d'une négociation conduite heureusement jusqu'au

---

1 Page 94.
2 *Actes et mémoires touchant la paix d'Utrecht.* Tome II, p. 35.
3 *Correspondance de Bolingbroke.* Tome II, p. 366.

point de la conclusion, que d'insister sur la ratification des Etats du royaume. Les Etats, en France, ne se mêlent point de ce qui regarde la succession à la couronne ; ils n'ont le pouvoir ni de faire ni d'abroger les lois. Quand les Rois les convoquent, on marque dans les lettres que c'est pour ouïr les plaintes des bons et fidèles sujets, et pour chercher des remèdes aux maux présents.

« Les exemples des siècles précédents ont fait voir que ces sortes d'assemblées ont presque toujours produit des troubles dans le royaume, et les derniers Etats, tenus en 1614, finirent par la guerre civile. Comme le Roi croit être assuré des véritables intentions de la Reine, Sa Majesté est persuadée que cette princesse cherche seulement une sûreté pour la renonciation, et qu'il suffit par conséquent d'en indiquer une plus conforme à nos usages, et qui ne sera pas sujette aux inconvénients de l'assemblée des Etats, qui, n'ayant point été convoqués depuis près de cent ans, sont en quelque manière abolis dans le royaume.

« Cette sûreté sera de faire publier et enregistrer, dans tous les parlements du royaume, la renonciation que le Roi d'Espagne aura faite, pour lui et pour ses descendants, à la couronne de France. Les édits et les déclarations revêtus de ces formalités ont force de lois ; les Français sont accoutumés à cet usage ; il se pratique à l'égard des traités faits avec les puissances étrangères ; et l'intention du Roi est de faire en même temps tirer et ôter publiquement des registres du Parlement les lettres patentes que Sa Majesté fit expédier en faveur du Roi d'Espagne, pour lui conserver les droits de sa naissance, lorsqu'il partit de France pour aller à Madrid. La révocation et l'anéantissement de ces lettres seront la suite et comme une espèce de confirmation de la renonciation [1]. »

Si Louis XIV s'était cru le droit de modifier l'ordre de succession au trône de France, il n'eût point pris tant de détours. Les précautions montrent bien que l'on n'avait

1 *Correspondance de Bolingbroke.* Tome II, p. 387.

aucune illusion. On tenait essentiellement à ne pas convoquer les Etats généraux, on diminuait donc systématiquement leur importance aux yeux de l'étranger ; mais pour donner cependant à celui-ci une certaine satisfaction, on recourait à un moyen d'une légalité douteuse, qui peut-être donnerait le change au public et en tout cas permettrait de conclure une paix également désirée par tous.

Cette apparente satisfaction permettait à l'Angleterre de terminer honorablement de longues et pénibles négociations ; elle n'eut garde d'insister sur sa première demande. Les lettres patentes furent donc enregistrées au Parlement et le traité d'Utrecht put enfin se conclure.

Mais le public n'y fut pas trompé et toujours les renonciations furent considérées en France comme radicalement nulles.

« Les principes ou les préjugés nationaux, dit Duclos dans ses Mémoires [1], sont inaltérables. On est généralement persuadé en France que si la famille royale, la branche directe venait à s'éteindre, l'aîné de la branche espagnole passerait sur le trône de France, au préjudice de tous les princes du sang qui ne sont pas sortis de Louis XIV, Louis XV, etc. On n'est pas moins convaincu que les deux couronnes ne seraient pas réunies sur la même tête. »

Lorsque le Parlement enregistra les lettres patentes de Louis XIV « le chancelier de Pontchartrain, dit encore Duclos [2], n'ayant point eu ordre du Roi d'y aller, ne fut pas fâché de s'en dispenser sachant mieux que personne la valeur de cette cérémonie. »

C'est qu'en effet la loi salique est une loi fondamentale, ce qu'on appelait jadis une *loi du royaume* par opposition aux lois du Roi, ce que nous appelons aujourd'hui *une loi constitutionnelle*, qui ne relève pas du pouvoir législatif

1 Duclos, *Mémoires secrets sur les règnes de Louis XIV et de Louis XV. Collection des Mémoires relatifs à l'histoire de France.* Tome 76, p. 90.

2 Page 91.

ordinaire. La nation représentée par ses Etats généraux pourrait seule avec le Roi la modifier valablement.

C'est en vertu de ce principe que furent convoqués les Etats généraux de 1317 pour trancher le débat qui existait au sujet de la succession au trône de France, entre Jeanne fille de Louis X le Hutin et Philippe V [1].

De même à la mort d'Henri III le duc de Savoie ayant adressé au parlement de Grenoble une lettre où il faisait valoir, du chef de sa femme, ses droits à la couronne de France, en reçut cette réponse : « Il n'y a que les Etats généraux du royaume qui puissent connaître d'une affaire de cette importance [2]. »

Nous pouvons donc arriver à notre conclusion et dire : L'abdication de Philippe V ne saurait empêcher actuellement un de ses descendants de monter sur le trône de France.

V

TRAITÉ D'UTRECHT

Le traité d'Utrecht cependant n'y met-il pas obstacle ?

Louis XIV promet par le traité que « ni lui, ni ses héritiers ou successeurs ne feraient jamais rien capable d'empêcher les renonciations. »

La branche d'Orléans ne fut point partie au traité. Il n'a donc pu créer aucun droit direct à son profit, il est pour elle *res inter alios acta ;* elle ne saurait donc l'invoquer utilement. Mais ne pourrait-elle pas, si le traité écarte la maison d'Anjou, en profiter indirectement et arriver au trône de France dans les « fourgons de l'étranger ».

Voyons si les autres nations pourraient aujourd'hui invoquer le traité. L'Angleterre, par exemple, aurait-elle

1 *Histoire de France* du P. Daniel.
2 *Histoire universelle de de Thou.* Tome XI, p. 72.

le droit de demander aux descendants de Philippe V de respecter l'engagement de Louis XIV et par suite de ne point faire valoir leurs droits à la couronne de France ?

Il faut, pour résoudre cette question, rechercher les principes qui régissent les traités diplomatiques.

Un traité oblige non seulement les souverains qui le signent, mais aussi leurs successeurs, toutes les fois qu'il intervient non dans l'intérêt du souverain lui-même mais dans celui de ses sujets. Le souverain alors ne contracte pas en son nom personnel, mais en sa qualité de chef de la nation, il oblige donc la nation et tous ceux qui seront dans la suite appelés à la gouverner. D'ordinaire, on exprime formellement dans le traité que le souverain agit tant en son nom qu'en celui de ses successeurs et sujets. Le traité prend alors la qualification de *réel*.

Le traité d'Utrecht est incontestablement un traité réel. Il l'est par la nature même des stipulations qu'il renferme, il l'est aussi par son texte : Louis XIV et la reine d'Angleterre s'obligent pour eux « leurs héritiers ou successeurs, leurs royaumes, états et sujets » ; ce traité oblige donc les successeurs de Louis XIV à moins qu'il n'ait été abrogé.

Le traité d'Utrecht est-il encore en vigueur ? tel est le nœud de la question.

On divise les conventions internationales en *traités transitoires* et *traités proprements dits* et dans ces derniers on distingue les *effets politiques* et les *effets civils*.

On nomme *traités transitoires* (il serait plus vrai de dire instantanés) ceux dont l'effet consiste dans un acte unique, accompli une fois pour toutes, comme par exemple, une cession de territoire.

On nomme proprement *traités* ceux qui doivent produire un effet successif, obligeant à chaque instant les parties contractantes ou leurs successeurs.

Les *effets politiques* comprennent tout ce qui a trait aux relations politiques des contractants, les *effets civils* ce qui regarde l'intérêt privé des sujets, comme l'état des personnes, le commerce, la navigation ou l'industrie.

Toujours et partout on a considéré l'état de guerre comme abrogeant sans retour les traités proprements dits dans leurs effets politiques [1]. La guerre terminée, les relations des belligérants sont pour l'avenir réglées par un nouveau traité. Il est même généralement admis que la guerre a aussi pour effet d'annuler les traités de bonne amitié et de commerce conclus précédemment [2].

Or chacun connaît l'histoire des guerres qui, depuis 1713, ont ensanglanté l'ancien et le nouveau monde. La France a été successivement et à diverses reprises en lutte avec l'Angleterre, le Portugal, la Hollande, la Prusse et l'Autriche [3]; de nouveaux traités ont chaque fois mis fin aux hostilités, ils n'ont point reproduit la stipulation faite à Utrecht au sujet des renonciations. Quant à la Savoie, elle est devenue territoire français.

Le traité d'Utrecht a donc été abrogé sans retour.

Le traité d'Utrecht, après avoir stipulé la restitution à l'Angleterre des territoires de la baie d'Hudson, portait qu'une délimitation de frontière serait faite entre les parties restituées et les possessions de la compagnie de Québec, et ajoutait dans son article XV : « Les sujets de la Grande-Bretagne se comporteront pacifiquement envers les Américains, amis ou sujets de la France. »

Soixante ans plus tard, l'Angleterre s'emparait du Canada et le possède encore aujourd'hui.

La condition résolutoire n'est-elle pas sous-entendue dans les traités comme dans les conventions particulières, lorsqu'une des parties manque à les exécuter ?

Pourquoi la France serait-elle obligée de respecter aujourd'hui un traité qui n'existe plus pour l'Angleterre ?

Le traité stipulait également que les fortifications de Dunkerque seraient rasées, le port comblé, les écluses de

---

1 Dalloz. Voir *Traité international*. N° 182.

2 Voir l'art. II, du traité de Francfort, du 10 mai 1871, entre la France et l'Allemagne; il exprime formellement ce principe.

3 L'Autriche adhéra au traité d'Utrecht par le traité de Rastadt intervenu un an plus tard.

chasse ruinées et que les dites fortifications, ports et écluses ne pourraient jamais être rétablis.

Les fortifications établies par Vauban existaient encore il y a quinze ans, elles n'ont été détruites que pour être immédiatement rétablies avec tous les perfectionnements de l'art moderne; deux nouveaux bassins de chasse sont venus s'ajouter à l'ancien, et sous peu, des travaux considérables, activement poursuivis depuis plusieurs années, feront du port de Dunkerque le rival du Havre et d'Anvers.

Un diplomate anglais oserait-il sérieusement demander aujourd'hui au gouvernement français d'exécuter l'art. IX du traité d'Utrecht ?

Incontestablement non. N'est-ce point la preuve éclatante que depuis longtemps le traité est abrogé ?

Donc, il ne saurait empêcher la maison d'Anjou de faire valoir ses droits à la couronne de France.

VI

PERTE DE LA QUALITÉ DE FRANÇAIS

Les membres de la maison d'Anjou sont devenus étrangers, dit-on encore.

Or, un étranger ne peut monter sur le trône de France.

Cette objection est l'une des moins sérieuses et cependant l'une des plus dangereuses.

Tout semble dit, lorsque l'on a qualifié les membres de la maison d'Anjou de *princes étrangers*.

Les idées simples, s'exprimant en quelques termes brefs et saisissants, réussissent toujours auprès des gens si nombreux qui se laissent séduire par les mots.

L'objection, cependant, repose sur une simple équivoque qui n'est au fond, suivant l'expression de Bolingbroke, qu'une querelle d'avocat chicaneur.

Que celui-là ne puisse monter sur le trône de France qui n'a pas de sang français et même de sang royal, je l'admets.

Mais que le descendant direct d'un roi de France soit exclu parce que lui et ses descendants ont régné en pays étranger et acquis ainsi la nationalité de leur pays d'adoption, je le nie formellement.

On n'apporte, au reste, aucun argument à l'appui de cette objection, on affirme. Un étranger, dit-on, ne peut être roi de France.

Pourquoi, en vertu de quels principes, où est la loi, l'usage, la tradition qui le repousse? On ne cite aucun texte, on n'invoque aucune coutume, on n'allègue aucun précédent; on se borne à affirmer, chacun doit le comprendre et le sentir; et cependant le droit ne se fonde pas sur le sentiment, il existe indépendamment des impressions de ceux auxquels il s'impose. Nous n'avons pas à chercher ce qui convient le mieux au pays, mais ce qui constitue sa loi fondamentale, nous ne sommes pas des législateurs appelés à faire une loi d'hérédité, nous sommes des Français cherchant les règles qui, de temps immémorial, ont régi dans notre pays la succession à la couronne.

Or, en remontant jusqu'aux premiers Capétiens, nous voyons la loi salique se réduisant à cette seule règle : L'héritier du trône est le premier agnat du roi défunt. En conséquence, on écarte impitoyablement les femmes, la couronne de France ne tombe pas en quenouille; on écarte non moins énergiquement tous ceux *qui ex sanguine regio non sunt prognati*, et que le Parlement de Paris, dans son arrêt du 28 juin 1593 [1], qualifiait pour ce motif de *princes ou princesses étrangers*.

L'arrêt du Parlement est d'autant plus remarquable qu'il oppose aux prétentions des princes et princesses étrangers [2] les droits que la loi salique conférait à Henri IV, lequel précisément avait perdu la qualité de Français.

Antoine de Bourbon, père d'Henri IV, était devenu roi

---

[1] *Guyot,* loc. cit., p. 3o.

[2] L'infante d'Espagne, le duc de Lorraine pour son fils et le duc de Mayenne qui briguaient chacun la couronne.

de Navarre par son mariage avec Jeanne d'Albret, qui, avec la Navarre, lui apporta le Béarn. Ces deux provinces étaient indépendantes et ne furent réunies à la France que par un édit de Louis XIII, en date du 15 juin 1620.

Or, jadis comme aujourd'hui, l'établissement fait en pays étranger, sans esprit de retour, faisait perdre la qualité de Français. « Le mariage, dit Pothier [1], que le Français contracte en pays étranger ne peut que faire naître des soupçons, mais il ne serait pas permis de douter de son dessein de s'expatrier, s'il avait établi le centre de sa fortune en pays étranger, *s'il s'y était fait pourvoir de quelqu'office* ou bénéfice. »

Le souverain possède évidemment le premier de tous les offices.

Henri IV, né à Pau, c'est-à-dire à l'étranger, d'un père qui avait perdu la qualité de Français, était certainement étranger; aussi l'appelait-on *le Béarnais*.

Il n'apparaît pas que l'on ait jamais invoqué cette circonstance pour contester ses droits à la couronne. Si elle avait eu cependant la moindre valeur, la Ligue n'eût pas manqué de s'en faire une arme contre lui.

On a dit, il est vrai, qu'Henri IV était Français parce que son père et lui possédaient des fiefs en France. Pendant des siècles, le roi d'Angleterre fut l'un des grands feudataires de la couronne de France, cette circonstance le fit-elle jamais considérer comme Français ?

Il est donc impossible de trouver dans l'histoire la moindre trace de la règle invoquée contre la maison d'Anjou. L'exemple de Charles de Lorraine, écarté du trône, ne tire pas à conséquence; car il fut repoussé, non comme étranger, mais comme vassal d'un prince étranger, en vertu de la règle qui, plus tard, fut formulée en ces termes : *Ly Roy ne tient de nully fors de Dieu et de luy* [2].

---

1 *Traité des Personnes.* Part. 1, Tit. II, Sect. IV.
2 *Etablissements de Saint-Louis*, liv. I, chap. LXXVI.

L'exemple d'Henri IV démontre, au contraire, que le parent le plus proche, fût-il étranger, succède au roi défunt.

Peut-on considérer, au reste, comme étrangers ceux qui dans leurs veines portent sans mélange le sang des rois de France ?

Un juriste habitué à s'incliner servilement devant les textes dira oui, mais un Français de bon sens refusera de considérer comme étrangers les descendants directs de Louis XIV. Au lieu de les appeler princes espagnols, il constatera, au contraire, avec un juste sentiment d'orgueil, que depuis Philippe V une maison française occupe le trône d'Espagne.

Ce qui crée véritablement, sinon légalement, la nationalité, ce n'est pas seulement le lieu où l'on a vu le jour, c'est avant tout l'origine et la filiation. Depuis plus d'un siècle, les Canadiens sont légalement anglais, et cependant les descendants des anciens colons sont restés véritablement Français ; car, s'ils servent loyalement leur nouvelle patrie, ils ont conservé dans toute son énergie cet amour de la terre de France qui constitue, en dépit de toutes les lois, la vraie nationalité française.

Fut-il jamais un roi plus français qu'Henri IV ? Il en serait de même des princes de la maison d'Anjou, que la loi salique appelle aujourd'hui à succéder à Henri V.

VII

DIVERSES OBJECTIONS

Il resterait encore bien des objections à parcourir, il est même impossible de les prévoir toutes ; les principes que nous avons posés permettront de les résoudre.

On s'explique maintenant l'ardeur des amis du comte de Paris à proclamer, dès le premier jour, ses droits *incontestables*.

Il fallait éviter la discussion et en imposer au public français par une affirmation bruyante, C'est toujours l'histoire du loup de la fable :

> Il aurait volontiers écrit sur son chapeau :
> C'est moi qui suis Guillot, berger de ce troupeau.

Bientôt, cependant, les droits incontestables furent vivement contestés, et l'on put s'apercevoir qu'ils ne résistaient guère à la discussion. On essaya alors, connaissant le respect des légitimistes pour la parole royale, d'abriter ces prétendus droits sous l'autorité d'Henri V.

Il aurait, dit-on, reconnu le comte de Paris pour son héritier ; et, comme preuve, on alléguait que se sentant mortellement atteint, il l'aurait mandé auprès de lui, pour proclamer solennellement ses droits, et dans un suprême embrassement le sacrer son héritier.

Aujourd'hui, les royalistes qui se refusent à acclamer le comte de Paris sont accusés de méconnaître la volonté du Roi.

Nous répondons à cette objection : 1º qu'une opinion ne saurait prévaloir contre le droit ; 2º que l'on prête gratuitement à Henri V des intentions que jamais il n'a manifestées par aucun acte public.

Un homme sensé et raisonnable n'abandonne pas un principe dont la réalité lui a été démontrée, parce qu'il se trouve une opinion contraire à la sienne, même émanée d'une autorité considérable.

Nous avons démontré que la succession au trône ne dépend pas de la volonté du Roi défunt, mais de la loi à laquelle le souverain lui-même est impuissant à rien changer. Nous avons justifié le droit de la maison d'Anjou en nous fondant avant tout sur la loi salique. Il ne suffirait pas d'établir qu'Henri V avait une opinion contraire pour infirmer ces démonstrations.

Mais, quand et comment le comte de Chambord a-t-il

manifesté l'opinion qu'on lui suppose? c'est ce qu'il faudrait préciser.

Or, si l'on étudie les écrits et les nombreux manifestes qu'il adressa à la France, il est impossible d'y trouver un seul mot justifiant la thèse que l'on soutient.

Au contraire, un incident récent nous a révélé la véritable pensée du comte de Chambord sur la question d'hérédité.

Dans divers banquets, M. le baron Tristan Lambert avait, après la santé du Roi, proposé celle du comte de Paris, *son héritier*.

M. le baron Tristan Lambert, dans une récente polémique avec le *Journal de Paris*, invoqua comme une reconnaissance par Henri V des droits héréditaires du comte de Paris les lettres de félicitations qu'il reçut alors de M. le marquis de Dreux-Brezé.

Mais il fut révélé que l'ordre était, au contraire, venu de Frohsdorf d'inviter M. le baron Tristan Lambert à se tenir, à l'avenir, dans une réserve absolue sur la question de succession.[1]

1 Nous croyons devoir donner ici le texte de la lettre adressée à ce sujet par M. Joseph du Bourg au *Journal de Paris* et publiée dans le numéro de ce journal, en date du 23 mars 1884 :

Toulouse, 16 mars 1884.

Monsieur le Rédacteur en chef,

Le *Clairon* du 1er mars publiait un article du baron Tristan Lambert, reproduisant deux lettres du marquis de Dreux-Brezé, relatives à son discours du mois d'avril dernier. Le baron Tristan Lambert constatait que les félicitations, qui lui étaient transmises de la part du Roi, étaient sans réserve ; et, rappelant ses déclarations sur les droits de M. le comte de Paris, comme héritier légitime de la couronne, il en concluait que le silence, gardé à leur sujet, était un acquiescement tacite.

J'avais l'honneur d'être, en avril dernier, de service auprès de Monseigneur, et je crois devoir, dis-je, fournir les renseignements suivants, qui sont aussi une rectification. En même temps que M. de Dreux-Brezé fut chargé de transmettre la nouvelle assurance de la gratitude et des encouragements de M. le comte de Chambord, il

Si le comte de Chambord avait considéré le comte de Paris comme son héritier, on ne voit pas quel inconvénient pouvait présenter la manifestation publique de cette opinion, on le comprend très bien dans le cas contraire.

On a tenté aussi de tirer parti de la dernière visite des princes d'Orléans à Frohsdorf; il est essentiel de rétablir sur ce point la vérité des faits. Sur un ordre venu de Frohsdorf, a-t-on dit, deux notabilités royalistes se seraient rendues auprès du représentant des princes d'Orléans, le priant de les engager à se rendre auprès du Roi.

LE FAIT EST INEXACT. Nous n'avons pas à rechercher quelles circonstances motivèrent la visite des princes, il nous suffit de savoir qu'ils ne furent pas mandés à Frohsdorf par ordre du Roi.

Celui-ci, cependant, les a reçus et embrassés, mais que faut-il en conclure?

Henri V était non seulement un grand prince, mais un grand chrétien. Prêt à paraître devant le Juge suprême, il voit au pied du lit de douleur, qui bientôt sera son lit de mort, s'avancer le comte de Paris. Quels souvenirs ont dû se réveiller dans son esprit! N'a-t-il pas, en un rapide et

était aussi chargé de faire des observations à notre honorable ami le baron Tristan Lambert, précisément sur le point visé dans sa dernière lettre. Le Roi lui faisait savoir qu'il ne pouvait admettre que des hommes, accrédités par lui, comme il l'était pour l'arrondissement de Fontainebleau, sortissent publiquement, sur cette question de succession, de l'absolue réserve dans laquelle il s'était placé et voulait rester. Cette communication a été rédigée en conformité des notes écrites par notre auguste prince lui-même, à la date du 27 avril, et conservées dans les archives de Frohsdorf.

La loyauté du baron Tristan Lambert ne peut être soupçonnée. Les circonstances ont fait qu'il n'avait pas eu connaissance de l'entière teneur des documents officiels encore entre les mains du marquis de Dreux-Brezé.

J'ai cru devoir montrer par l'exposé de ce fait matériel et indiscutable combien l'opinion peut être induite en erreur par les conséquences tirées de faits imparfaitement connus.

Veuillez agréer, etc.

J. DU BOURG.

douloureux instant, entrevu un de ces tableaux faits de sang et de larmes, auquel on se refuserait à croire, si l'histoire n'était pas là pour en attester la terrible réalité ? D'une part, Louis XV, son aïeul, Louis XVI, son grand' oncle, Charles X, son grand'père, le duc de Berry son père, sa mère elle-même ; et de l'autre, le Régent, Philippe Egalité, Louis-Philippe et celui qui, en 1830, sous le nom de duc de Chartres, souleva contre le Roi le premier régiment français. Lui-même mourant en exil, par suite d'intrigues que n'ont jamais désavouées les princes qui étaient là devant lui.

Sa grande âme, cependant, n'a point hésité, et dans un suprême embrassement, le chrétien, le fils des victimes, victime lui-même, a généreusement pardonné à tous ceux qui furent ses ennemis [1].

Voilà, paraît-il, ce que sont incapables de comprendre les hommes qui, dans cet acte d'une vertu sublime, ne voient qu'un vulgaire moyen d'étager leurs prétentions.

Enfin, nous dit-on, lorsque tous les arguments sont

---

1 Rappelons ce que dit à ce sujet M. A. Huet du Pavillon, exécuteur testamentaire du comte de Chambord, dans une lettre adressée au *Vaterland*, de Vienne :

Frohsdorf, 29 août 1884.

Monsieur le Rédacteur,

Vous avez plusieurs fois, et notamment dans votre numéro portant la date du 29, cité des paroles de Mgr le comte de Chambord, qui sont historiquement inexactes et qui répondent mal à ses véritables sentiments.

Si vous tenez, Monsieur, à éclairer vos lecteurs sur ce que pensait réellement Henri V, vous pouvez reproduire une note émanée de Frohsdorf et publiée dans *l'Univers* du 23.

Il y est affirmé que dans la fameuse entrevue du 7 juillet 1883 avec les princes d'Orléans, Henri V a eu pour unique intention de montrer comment un Bourbon doit pratiquer la loi évangélique du pardon avant de paraître au tribunal de Dieu.

Comptant sur votre impartialité, Monsieur le Rédacteur, je vous prie, etc.

A. HUET DU PAVILLON,
Exécuteur testamentaire de Mgr le comte de Chambord.

épuisés, la France ne consentira jamais à accepter un Bourbon d'Anjou.

« *Le peuple veut, le peuple ne consentira jamais,* quelle pitié ! disait, il y a bientôt quatre-vingt dix ans, J. de Maistre[1], le peuple n'est pour rien dans les révolutions, ou du moins il n'y entre que comme instrument passif. Quatre ou cinq personnes peut-être donneront un roi à la France. Des lettres de Paris annonceront aux provinces que la France a un roi et les provinces crieront : Vive le Roi. »

C'est l'histoire des restaurations comme des révolutions : la prophétie de J. de Maistre s'est réalisée à la lettre en 1830, en 1848 et en 1870, et aujourd'hui la France est prête à acclamer n'importe qui, pourvu qu'il la débarrasse de la république.

Mais, nous le voulons bien, la restauration de la maison d'Anjou paraît difficile ; nous ne voyons pas, en effet, comment elle pourrait s'accomplir actuellement.

Qu'importe ? Si nous proposions d'organiser immédiatement un mouvement, on pourrait nous répondre avec raison : aujourd'hui, c'est impossible. Ce serait donc une entreprise téméraire et insensée. Mais, quand nous montrons où est le droit, suffit-il pour le contester de dire : il ne saurait triompher ; depuis quand le droit dépend-il du succès, et si l'on reconnaît que le principe héréditaire appelle au trône la maison d'Anjou, c'est à elle que l'on doit se rallier, à péril de n'être plus que des royalistes d'aventure acceptant aujourd'hui un d'Orléans, demain un Bonaparte, et perdant, dès lors, tout droit à se dire légitimistes.

Mais qu'y a-t-il donc de possible actuellement en France ? qui oserait nous prédire ce qui se passera demain ? ne sentons-nous pas tous que l'inconnu nous enveloppe et ne vivons-nous pas dans l'attente d'événements, dont l'imminence et la gravité n'échappent à personne, bien que nul ne puisse percer les formidables secrets de l'avenir ?

On a prétendu se passer de Dieu dans la conduite des

1 *Considérations sur la France.* Ch. IX.

sociétés ; il semble que Dieu se soit retiré de nous, pour nous apprendre par une cruelle expérience que sans lui on ne parvient même pas à sauver les intérêts matériels.

Il ne faut pas nous le dissimuler, tout ce qui est honnête paraît aujourd'hui réduit à l'impuissance. Est-ce la fin de la France ? nous ne saurions le croire ; nous voulons y voir au contraire la fin de la Révolution qui éloigne ainsi d'elle tous ceux qui ont conservé quelque sentiment de dignité.

Mais comprenons que le salut ne saurait être dans le mépris du droit ; et, nous attachant plus fermement que jamais au principe monarchique, répétons la vieille devise si chrétienne et si française :

Fais ce que dois, advienne que pourra.

CONCLUSION

Nous croyons avoir établi le droit héréditaire de la maison d'Anjou.

Réussirons-nous à convaincre ceux qui, pendant treize ans, sont parvenus à fermer au Roi les portes de la France et dont la politique consistait à faire du provisoire en attendant la mort de « l'entêté. »

Nous ne l'espérons pas. Ils se disent aujourd'hui royalistes et catholiques, et pour eux cependant, le mot qui résume si bien le programme de la royauté chrétienne : *la contre-révolution,* c'est-à-dire le contraire de la révolution, n'est qu'un terme « aussi vague que pompeux que l'on peut passer vingt ans à définir [1] ». Ils ne savent ou ne veulent comprendre ce que doit être la contre-révolution parce qu'ils sont des révolutionnaires et des libéraux dont tout le rêve consiste à faire un roi légitime de la Révolution.

Nous n'espérons pas modifier leur tempérament orléaniste.

Nous nous adressons à ces nombreux amis qui, dans un moment de précipitation et d'affolement, se sont ralliés à

[1] Journal *Le Monde.* Avril 1884.

l'orléanisme, après avoir pendant toute leur vie lutté pour Dieu en combattant pour le Roi.

Ils voulaient qu'Henri V rentrât en Roi sur la terre de France pour que Dieu y rentrât en Maître. Aujourd'hui, ils veulent la contre-révolution. Ils savent tout ce que contient ce mot. Ils ont un programme, c'est le *Syllabus*. L'un d'eux récemment l'a développé dans un article d'une admirable précision [1].

Ces hommes n'attendent rien des d'Orléans, n'éprouvent pour eux ni affection ni enthousiasme et laissent même à l'occasion éclater vivement une profonde antipathie; ils n'ont guère d'illusions sur le résultat de leurs efforts et se résignent d'avance au rôle de tories français. Mais ils croient obéir à un devoir en suivant celui qu'ils considèrent comme l'héritier légitime.

C'est à eux que nous adressons ces lignes. Puissent-elles, en les éclairant, reformer le faisceau de tous ceux qui, d'accord sur les principes du gouvernement chrétien, n'ont qu'un désir, voir « du cercueil couché sur la terre d'exil, jaillir une tige nouvelle à l'ombre des deux glorieux drapeaux du Sacré-Cœur et de la vieille France ! [2] ».

1 Journal *L'Anjou*. 10 avril 1884.
2 Idem.

271

9 782014 059816